Kürbis

gigantisch gut

> Autorin: Cornelia Schinharl | Fotos: Jörn Rynio

Inhalt

Die Theorie

Die Rezepte

Extra

➤ **GU Serviceseiten**

Herbstgenuss

Man kann einfach nicht an ihnen vorbeigehen, wenn die leuchtend orangen Kürbisse im Herbst auf den Märkten erscheinen. Und wenn man erst einmal weiß, dass sich aus diesen Früchten nicht nur Suppe kochen lässt, sondern viel mehr, kommt ruhig mal ein größeres Kürbisstück in den Einkaufskorb, aus dem dann Salate, Eintöpfe, Backofengerichte und sogar Kuchen und Desserts gezaubert werden können.

Worauf es ankommt

1 | Kürbissaison

Etwa ab August kommen die ersten großen Kürbisse auf den Markt, die so genannten Sommerkürbisse wie Patissons und Rondini sogar etwas früher. Sommerkürbisse haben eine weiche Schale und können daher nur 1–2 Wochen gelagert werden. Winterkürbisse mit ihrer harten Schale lassen sich dagegen wesentlich länger aufbewahren. Man kann sie selbst einlagern, aber auch bis etwa Februar auf den Märkten und im Gemüsegeschäft kaufen.

2 | Kürbis einkaufen

Inzwischen werden die unterschiedlichsten Kürbissorten in den verschiedensten Größen auf dem Markt angeboten, und man kann nach Belieben Kürbisstücke oder ganze Exemplare erstehen. Ganze Kürbisse müssen schön schwer sein, sie sollen sogar mehr wiegen, als ihr Anblick vermuten lässt.
Ist ein Kürbis zu leicht, hat er wahrscheinlich viele Kerne und Fasern in seinem Inneren und dafür weniger Fruchtfleisch. Außerdem unbedingt auf eine rundum intakte Schale ohne jegliche Verletzungen oder Druckstellen achten.
Stücke vom Kürbis sollten an den Schnittstellen saftig aussehen, weder angetrocknet noch schleimig sein.

3 | Kürbis lagern

Einen ganzen Kürbis können Sie sehr gut an einem kühlen und trockenen Ort – z. B. im Keller – 2–4 Monate lagern. Kürbisstücke in Klarsichtfolie packen und im Kühlschrank etwa 1 Woche aufbewahren.

4 | Kürbis selber anbauen

Wer einen Garten hat, darf sich freuen: Kürbisse sind bestens zum Selbstanbauen geeignet. Wenn Ihnen ein gekaufter Kürbis besonders gut geschmeckt hat, einfach ein paar Samen aufheben, waschen und mit einem Tuch abreiben, um alle Fruchtfleischreste zu entfernen. Die Kerne auf einem Teller oder auf einem Tuch nebeneinander bei Zimmertemperatur trocknen lassen, dann in kleine Tütchen füllen und verschließen. So bleiben sie einige Jahre keimfähig.
Im April die Kürbiskerne in kleinen Töpfen mit Erde aussähen und im Zimmer keimen lassen, dabei gut feucht halten, aber nicht zu stark gießen. Im Mai nach den Eisheiligen die jungen Kürbispflanzen in den Garten setzen – an einem sonnigen Ort fühlen sie sich besonders wohl, nur der Riesenkürbis ist weniger anspruchsvoll und gedeiht auch an einer kühleren Stelle im Garten.

1 *Die unterschiedlichsten Kürbissorten gibt es mittlerweile zu kaufen.*

Kürbis vorbereiten

So ein riesiger Kürbis kann schon Respekt einflößen. Und tatsächlich ist es manchmal gar nicht so einfach, ihm zu Leibe zu rücken. In jedem Fall braucht man ein großes langes Messer. Mit diesem erst einmal ein Stück Kürbis herausschneiden (bei den Muskatkürbissen macht man das am besten entlang der Rillen). Dabei setzen Sie den Kürbis immer gut auf die Arbeitsfläche, damit er beim Schneiden nicht wackelt.
Alle Kürbisse, die man mit der Schale isst, werden gründlich gewaschen, dann einfach den Stielansatz abschneiden.
Wer Kürbisblüten zubereiten will – beispielsweise in Teig tauchen und frittieren –, biegt die Blütenblätter vorsichtig auseinander und entfernt den Stempel mit einem kleinen Messer. Falls in der Blüte Schmutz zu sehen ist, mit einem Pinsel herauslösen. Waschen sollten Sie die zarten Blüten jedenfalls nicht, denn dabei werden sie leicht welk.

Kürbis entkernen

1

Die Kerne werden mitsamt dem faserigen Fruchtfleisch, in dem sie sitzen, entfernt. Das geht gut mit einem großen Löffel – einfach herauskratzen –, aber auch mit einem kleinen Messer.

Kürbis schälen

2

Legen Sie das Kürbisstück seitlich auf das Küchenbrett und schneiden Sie die Schale nach und nach mit dem Messer ab. Mit dem Sparschäler lassen sich nur glatte und junge Kürbisse mit dünner Haut schälen.

Kürbiskerne rösten

3

Eigentlich viel zu schade, wenn man die Kürbiskerne wegwirft. Lösen Sie sie von den Fasern und rösten sie in einer Pfanne in Olivenöl langsam an. Salzen und zum Knabbern servieren. Die weiße Schale wird entfernt.

Spaghettikürbis

4

Den Kürbis im Ganzen in Wasser garen oder vorher der Länge nach halbieren und mit den Schnittflächen nach oben einlegen. Er ist fertig, wenn das Fruchtfleisch glasig ist und wie Spaghetti aussieht. Das Fleisch mit zwei Gabeln lockern.

Kürbis-Porträts

Riesenkürbis:
Dieser Kürbis ist so groß, dass man ihn fast immer in Stücken kauft, es sei denn man möchte daraus einen Halloween-Kürbis schnitzen. Riesenkürbisse bekommt man im Herbst auf allen Märkten. Ihr Fleisch ist gelb bis orange und feucht. Riesenkürbisse haben einen sehr milden Geschmack.
Verwendung: Der Riesenkürbis schmeckt am besten gegart. Alle Riesenkürbis-Gerichte immer kräftig würzen, da dieser Kürbis wenig Eigenaroma hat.

Butternutkürbis:
Er zählt zu den Moschuskürbissen und erinnert in der Form an eine Birne. Butternutkürbisse sind auf größeren Märkten zu erstehen, oft auch an Bio-Ständen. Er wird nicht sehr groß und eignet sich daher ideal für kleinere Portionen. Außerdem kann man ihn halbiert auch optimal zum Füllen nehmen. Sein Fruchtfleisch ist äußerst aromatisch.
Verwendung: Butternutkürbis schmeckt nicht nur gekocht sehr fein, sondern auch roh als Salat.

Muskatkürbis:
Auch er gehört zu den Moschuskürbissen und hat eine gerippte Form mit grünlicher bis bräunlich-oranger Schale. Muskatkürbisse gibt es in unterschiedlichen Größen, man kann sie also sehr gut im Ganzen, aber auch in Stücke geschnitten kaufen. Angeboten wird er im Gemüsegeschäft und auf dem Wochenmarkt. Sein kräftig oranges Fruchtfleisch hat einen intensiven Geschmack mit ganz leichter Säure.
Verwendnung: Muskatkürbis schmeckt gegart wie roh gleichermaßen.

Hokkaidokürbis:
Obwohl er zur Familie der Riesenkürbisse gehört, ist diese japanische Züchtung ehr klein gewachsen. Der Hokkaidokürbis ist außen und innen leuchtend orange und hat ein aromatisches Fruchtfleisch. Man bekommt ihn, anders als die anderen Kürbisarten, auch im Sommer und das vor allem im Naturkosthandel. Weiteres Plus: Die Schale des Hokkaido ist so dünn, dass man sie mit zubereiten kann.
Verwendung: Hokkaidokürbisse schmecken ebenfalls gegart und roh.

Spaghettikürbis: Die länglichen gelben bis grün-gelben Früchte heißen so, weil sich ihr Fruchtfleisch nach dem Garen in spaghettiähnliche Schnüre zerteilen lässt. Man kocht sie im Ganzen oder halbiert (dann haben sie eine viel kürzere Garzeit).
Verwendung: Der Spaghettikürbis schmeckt wie seine Namensgeber am besten mit würzigen Saucen, aber auch nur mit Butter und frisch geriebenem Parmesan. Roh dagegen ist er nicht genießbar.

Patisson: Die flachen weißen, hellgelben oder grünlichen Kürbisse werden wegen ihrer Form gerne auch »Squashs« oder »Ufos« genannt. Sie werden nicht allzu groß (am besten schmecken sie mit einem Gewicht von um die 300 g) und können mit der Schale gegessen werden.
Verwendung: Die Patissons sind gedünstet und geschmort besonders fein, aber auch in Scheiben geschnitten und gebraten.

Rondini: Sie sehen aus wie kleine runde Zucchini, haben aber eine dunklere Schale. Rondini kocht man im Ganzen oder in Stücken und isst sie mit der Schale. Bei größeren Früchten nach dem Garen die Kerne im Inneren entfernen.
Verwendung: Rondini werden gekocht, roh schmecken sie nicht. Gut passen dazu Tomatensaucen oder auch ein würziges Pesto.

Kürbiskerne und -öl: Aus dem gigantischen Riesenkürbis nimmt man die Kerne, trocknet sie und befreit sie von der weißen Schale. Aus einer speziellen Kürbisart, dem so genannten Ölkürbis, gewinnt man ein hocharomatisches, tiefgrünes Öl, das vor allem in der Steiermark beliebt und berühmt ist.
Verwendung: Kürbiskerne schmecken geröstet oder »natur« in Salaten oder Suppen, gerieben im Kuchen. Mit dem Öl verfeinert man Suppen, es passt aber auch zu Salaten und zu Tafelspitz.

Basis oder Vorrat

Kürbispüree:
Ein beliebig großes Stück Kürbis von den Kernen samt faserigen Fleisch befreien, aber nicht schälen. Das Kürbisstück im Ofen bei 200° (Umluft 180°) etwa 40 Min. backen, bis das Fruchtfleisch schön weich ist. Dann abkühlen lassen, von der Schale lösen und pürieren. Verwendung: Das Püree ist eine perfekte Grundlage für Cremes und Dips (etwa mit Milchprodukten oder auch Öl und Knoblauch gemischt), für Kuchenfüllungen und vieles mehr.

Süßsaurer Kürbis:
1 1/2 kg Kürbis entkernen, schälen und in 1 x 5 cm große Stücke schneiden. 3/4 l Weißweinessig mit 2 1/2 EL Salz, 250 g Zucker, 3 getrockneten angedrückten Chilischoten und 1/4 l Wasser aufkochen, wieder erkalten lassen. Den Kürbis darin 24 Std. ziehen lassen. Dann mit dem Sud 2 Min. kochen und in große Twist-off-Gläser füllen. Sofort verschließen. Verwendung: Der Kürbis schmeckt zur Brotzeitplatte, zu gegrilltem Fleisch und Geflügel, zu Raclette und anderen Käsegerichten.

Kürbis-Chutney:
1 kg Kürbis entkernen, schälen und in kleine Würfel schneiden. 50 g getrocknete Feigen oder Datteln klein schneiden. 1 Stange Lauch putzen, waschen, fein hacken. 250 g Tomaten häuten und würfeln. Alles mit 1/2 EL Senfsamen, 1 getrockneten Chilischote, 75 g Zucker, Salz und 100 ml Apfelessig erhitzen, zugedeckt ca. 1 Std. bei schwacher Hitze garen. Heiß in Twist-off-Gläser füllen. Sofort verschließen. Verwendung: Das Chutney schmeckt zu allen indischen Gerichten – und zu Käse.

Kürbiskernpesto:
1 Bund Frühlingszwiebeln waschen, putzen und mit dem Grün klein schneiden. Mit 100 g Kürbiskernen im Mixer pürieren. Mit 8 EL neutralem Öl und 1 EL Kürbiskernöl mischen und mit 50 g frisch geriebenem Parmesan oder Pecorino verrühren. Mit Salz und Pfeffer würzen, in ein Glas füllen und mit einer Schicht Öl abdecken. Hält sich im Kühlschrank 2 Wochen. Verwendung: Kürbiskernpesto schmeckt wie klassisches Pesto zu Nudeln, aber auch zu Pellkartoffeln .

Halloween-Kürbis

Für viele gehört das einfach zum November: ein hell erleuchteter Kürbis, vor die Tür oder ins Fenster gestellt.

1 | Suchen Sie sich einen schön geformten Kürbis aus, der ausreichend groß ist (mindestens 30 cm Ø) und möglichst gerade steht.

2 | Kürbis mit einem feuchten Tuch sauber reiben. Dann gut abtrocknen, so bleibt er länger haltbar. Auf einer Seite des Kürbis mit einem schwarzen Stift Mund, Augen und Nase

aufzeichnen. (Wer da keine ganz sichere Hand hat, legt erst einmal eine Bleistiftskizze an.) Alle Öffnungen dürfen nicht zu klein sein, damit die Kerze im Inneren später genügend Sauerstoff zum Brennen bekommt.

3 | Relativ weit oben einen Deckel abschneiden. Die Öffnung muss so groß werden, dass man bequem ans Fruchtfleisch kommt. Dabei Deckel und Kürbis an einer Stelle mit einer Kerbe markieren, damit man später den Deckel wieder passend aufsetzen kann.

4 | Das Fleisch mit einem scharfkantigen Löffel und eventuell einem Messer vor-

sichtig herauslösen. Der Rand sollte jedoch mindestens 2 cm dick stehenbleiben, damit der Kürbis seine Form behält und nicht in sich zusammensinkt. (Das ausgehöhlte Fruchtfleisch für ein Gericht aus dem Buch verwenden.)

5 | Ist der Kürbis ausgehöhlt, werden die vorher aufgemalten Stellen wie Mund, Augen und Nase ausgeschnitzt. Das geht gut mit einem Teppich-Schneidemesser, aber auch mit einem spitzen Küchenmesser mit nicht zu dicker Klinge. Wenn Kinder mitarbeiten, in jedem Fall beaufsichtigen, damit sie sich nicht verletzen.

6 | Jetzt zur Probe ein Teelicht anzünden und in den Kürbis stellen. Den Deckel auflegen und einige Minuten warten. Den Deckel abheben. Falls er rußig geworden ist, muss noch ein Kamin hineingeschnitten werden. Wenn die Kerze ausgeht, bekommt sie zu wenig Sauerstoff. Dann müssen die Öffnungen vergrößert werden.

7 | Wer möchte, kann die Kürbisschale jetzt noch mit einem beliebigen Muster verzieren, das geht am besten mit Linolschnitt-Werkzeug.

Vorspeisen und Salate

Wer liebt sie nicht – feine Vorspeisen, die auf einen gemütlichen Abend einstimmen, die gut schmecken, aber doch so leicht sind, dass die folgenden Gänge ebenfalls noch ein Genuss sind. Oder saftige Salate, die ebenfalls Auftakt eines Menüs sein können, aber auch ein kleines Mittag- oder Abendessen. Versuchen Sie es doch einmal mit einem schnellen Carpaccio, einem würzigen Dip oder einem Kürbissalat mit Kernöl.

Blitzrezepte

Kürbis-Carpaccio

FÜR 4 PERSONEN

➤ **1 Stück frischer Ingwer (1 cm) | 4 Frühlingszwiebeln | 5 EL Zitronensaft | Salz Pfeffer, frisch gemahlen | 2 1/2 EL Sesamöl | 2 1/2 EL Sonnenblumenöl 350 g Kürbis | 150 g junge Zucchini 1 EL geröstete Sesamsamen**

1 | Den Ingwer schälen, durch die Knoblauchpresse drücken. Frühlingszwiebeln waschen und putzen. Das Grün in Ringe schneiden, Rest hacken. Zitronensaft mit Salz, Pfeffer, Ingwer und den gehackten Zwiebeln mischen. Öle unterschlagen.

2 | Den Kürbis putzen und die Zucchini waschen, beides in feine Scheiben hobeln. Auf Tellern auslegen, mit Sauce beträufeln. Zwiebelgrün und Sesam darüber streuen.

Kürbis-Rohkost

FÜR 4 PERSONEN

➤ **1 Bund Petersilie | 1/2 TL Fenchelsamen | 3 EL Zitronensaft | 4 EL Rapsöl | Salz | Pfeffer, frisch gemahlen | Cayennepfeffer | 350 g Kürbis | 2 kleine säuerliche Äpfel 1 EL Sonnenblumenkerne**

1 | Petersilie waschen, trockenschütteln, Blättchen abzupfen. Mit Fenchelsamen, Zitronensaft und Öl pürieren. Mit Salz, Pfeffer und Cayennepfeffer würzen.

2 | Kürbis putzen, die Äpfel schälen und von den Kerngehäusen befreien. Beides fein raspeln, mischen. Kürbismischung auf Tellern oder in Schälchen anrichten, mit der Sauce beträufeln. Sonnenblumenkerne ohne Fett anrösten, darauf streuen.

preiswert | schnell

Scharfer Kürbis-Dip

FÜR 4 PERSONEN

➤ 450 g Kürbis
1/2 Bund Petersilie
150 g saure Sahne
1 TL scharfer Senf
2 Knoblauchzehen
1 EL kleine Kapern
1 Stück unbehandelte Zitronenschale | Salz
Pfeffer, frisch gemahlen

Zubereitung: 35 Min.
➤ Pro Portion ca.: 65 kcal

1 | Den Kürbis entkernen, schälen und in kleine Stücke schneiden. Mit wenig Wasser in einem Topf zum Kochen bringen und zugedeckt in 10–15 Min. bei schwacher Hitze weich garen. Abgießen und gut ausdämpfen lassen.

2 | Petersilie waschen und trockenschütteln, die Blättchen abzupfen. Mit dem Kürbis, der sauren Sahne und dem Senf fein pürieren.

3 | Den Knoblauch schälen und mit den Kapern und der Zitronenschale sehr fein hacken. Unter das Püree mischen, salzen und pfeffern.

➤ Dazu passen: Grissini
➤ Getränke: Weißwein oder Bier

vegetarisch | für Gäste

Kürbisflan mit Feigensauce

FÜR 4 PERSONEN

➤ 500 g Kürbis
100 g Crème fraîche
1 Ei und 1 Eigelb (Größe M)
10 Pfefferminzblättchen
1/2 unbehandelte Zitrone
2 EL Butter | Salz
Pfeffer, frisch gemahlen
Cayennepfeffer
2 Schalotten | 3 Feigen
50 ml Gemüsefond
100 g Sahne
1 TL frische grüne Pfefferkörner (ersatzweise eingelegte)

Zubereitung: 1 Std.
➤ Pro Portion ca.: 290 kcal

1 | Den Kürbis entkernen, schälen und klein würfeln. Mit Crème fraîche, dem Ei und dem Eigelb fein pürieren.

2 | Minze waschen, trockentupfen und in feine Streifen schneiden. Zitrone heiß waschen und die Schale fein abreiben, Saft auspressen. Den Backofen auf 160° vorheizen. Fettpfanne des Backofens mit heißem Wasser in den Ofen (Mitte) schieben.

3 | Vier Souffléförmchen (je ca. 1/4 l Inhalt) mit 1 EL Butter fetten. Kürbispüree mit Minze, Zitronenschale und 1 EL Zitronensaft, Salz, gemahlenem Pfeffer und Cayennepfeffer mischen, einfüllen und in die Fettpfanne stellen. Im Ofen (Umluft 140°) 45 Min. backen.

4 | Schalotten schälen und würfeln. Feigen waschen und würfeln. Schalotten in übriger Butter andünsten. Mit Fond aufgießen, zugedeckt 2–3 Min. bei mittlerer Hitze dünsten. Feigen mit Sahne und Pfefferkörnern untermischen, Sauce salzen, warm halten. Die Flans auf Teller stürzen, die Sauce daneben verteilen.

➤ Dazu passt: Baguette
➤ Getränke: trockener Weißwein oder Rosé

im Bild hinten: Scharfer Kürbis-Dip *im Bild vorne:* Kürbisflan mit Feigensauce ➤

preiswert | schnell

Kürbis mit Bröselhaube

FÜR 4 PERSONEN

- 600 g Kürbis
- 1 unbehandelte Orange
- 1 getrocknete Chilischote
- 1/2 Bund Petersilie
- 1 Knoblauchzehe
- 40 g Parmesan, frisch gerieben
- 40 g Semmelbrösel
- Salz | 4 EL Olivenöl

Zubereitung: 30 Min.
Backzeit: 20 Min.
Pro Portion ca.: 195 kcal

1 | Den Backofen auf 200° (Umluft 180°) vorheizen. Den Kürbis entkernen, schälen und in 1/2 cm dicke Scheiben schneiden. Etwa 100 g vom Kürbisfleisch raspeln.

2 | Die Orange heiß waschen und die Schale fein abreiben. 1/2 Orange schälen und das Fruchtfleisch klein würfeln. Chili zerkrümeln. Petersilie waschen, trockenschütteln, die Blättchen fein hacken. Den Knoblauch schälen und durch die Presse drücken.

3 | Die Kürbisraspel mit Orangenschale und -würfeln, Chili, Petersilie, Knoblauch, Käse und Semmelbröseln mischen. Salzen und mit dem Öl zu einer Paste verrühren.

4 | Die Kürbisscheiben in eine hitzebeständige Form legen, die Paste darauf verteilen. Die Kürbisscheiben im Ofen (Mitte) 20 Min. leicht braun backen. Lauwarm servieren.

- Dazu passt: Baguette
- Getränk: Rotwein

gut vorzubereiten

Marinierter Kürbis

FÜR 4 PERSONEN

- 700 g Kürbis
- 1 unbehandelte Zitrone
- 2 Knoblauchzehen
- 1/2 Bund Rucola
- 8 getrocknete, in Öl eingelegte Tomaten
- 4 EL Olivenöl
- Salz
- Pfeffer, frisch gemahlen
- 50 ml trockener Weißwein (ersatzweise Gemüsebrühe)
- 1 EL Pinienkerne

Zubereitung: 45 Min.
Marinierzeit: 8 Std.
Pro Portion ca.: 200 kcal

1 | Den Kürbis entkernen, schälen und in etwa 1/2 cm dicke Scheiben schneiden. Große Scheiben halbieren.

2 | Die Zitrone heiß waschen, Schale dünn abschälen und fein schneiden. Die Hälfte des Safts auspressen. Knoblauch schälen und in feine Scheiben schneiden. Rucola verlesen, waschen, trockenschleudern und wie die Tomaten in Streifen schneiden.

3 | Kürbisscheiben portionsweise im Öl von beiden Seiten anbraten, in eine flache Form geben, salzen und pfeffern.

4 | Bratensatz mit Zitronensaft, Wein und 50 ml Wasser ablöschen. Zitronenschale, Knoblauch, Rucola, Tomaten untermischen, salzen und pfeffern. Sud über den Kürbis gießen, 8 Std. marinieren. Vor dem Servieren Pinienkerne rösten, darüber streuen.

- Dazu passt: Olivenbrot
- Getränk: Weißwein

im Bild hinten: **Kürbis mit Bröselhaube** *im Bild vorne:* **Marinierter Kürbis**

für Gäste | schnell

Kürbisstreifen mit Kernöl

FÜR 4 PERSONEN

- 600 g Kürbis
- 2 rote Zwiebeln
- 2 Essiggurken
- 1 EL Kapern
- 1/2 Bund Petersilie
- 2 EL Olivenöl
- 1 EL Zitronensaft | Salz
- Pfeffer, frisch gemahlen
- 8 dünne Scheiben gegartes Roastbeef
- 4 EL Kürbiskernöl

Zubereitung: 25 Min.

- Pro Portion ca.: 250 kcal

1 | Den Kürbis entkernen, schälen und in 5 cm lange und 1/2 cm breite Stifte schneiden. Die Zwiebeln schälen, vierteln und in feine Streifen schneiden. Die Essiggurken klein würfeln und mit Zwiebeln und den Kapern mischen. Petersilie waschen, trockenschütteln und die Blättchen grob hacken.

2 | Das Olivenöl in einer Pfanne erhitzen, die Kürbisstreifen darin bei mittlerer Hitze unter Rühren etwa 5 Min. braun und bissfest braten. Mit Zitronensaft, Salz und Pfeffer abschmecken.

3 | Den warmen Kürbis mit den Roastbeefscheiben auf Tellern anrichten. Mit der Zwiebelmischung und der Petersilie bestreuen, mit dem Kürbiskernöl beträufeln und warm servieren.

- Dazu passen: Vintschgauer oder Brezen
- Getränke: Weißwein (z. B. grüner Veltliner) oder Bier

gelingt leicht | schnell

Kürbiswürfel auf Rucola

FÜR 4 PERSONEN

- 600 g Kürbis
- 2 Bund Rucola
- 1 Bund Frühlingszwiebeln
- 2 EL Rapsöl
- 2 TL Kürbiskernöl
- 1 EL körniger Senf
- 3 EL Joghurt
- Salz
- Pfeffer, frisch gemahlen
- 2 TL Zitronensaft

Zubereitung: 25 Min.

- Pro Portion ca.: 125 kcal

1 | Den Kürbis entkernen, schälen und in etwa 1 cm große Würfel schneiden. Würfel in einem Dämpfeinsatz in einen Topf stellen. Etwa 2 cm hoch Wasser angießen und zum Kochen bringen. Den Kürbis zugedeckt bei starker Hitze in 8–10 Min. bissfest garen.

2 | Inzwischen den Rucola verlesen, waschen, trockenschleudern und sehr grobe Stiele abzupfen. Frühlingszwiebeln waschen, putzen und in feine Ringe schneiden. Den Rucola und die Frühlingszwiebeln mischen und Teller damit auslegen.

3 | Kürbis aus dem Topf heben, warm halten. 50 ml Sud abmessen, mit den Ölen, Senf und Joghurt verrühren und mit Salz, Pfeffer und Zitronensaft abschmecken. Kürbis mit der Sauce vermengen und auf der Rucolamischung verteilen.

- Dazu passt: Baguette
- Getränk: leichter Rotwein

im Bild hinten: **Kürbisstreifen mit Kernöl** *im Bild vorne:* **Kürbiswürfel auf Rucola** ➤

schnell | gelingt leicht

Blattsalate mit Kürbis und Nüssen

FÜR 4 PERSONEN

- **1 kleiner Romanasalat**
- **1 kleiner Radicchio**
- **4 Frühlingszwiebeln**
- **300 g Kürbis**
- **1 EL Zitronensaft**
- **2 EL Rotweinessig**
- **1 Msp. körniger Senf**
- **Salz**
- **Pfeffer, frisch gemahlen**
- **5 EL Olivenöl**
- **2 EL Walnusskerne**

Zubereitung: 25 Min.

➤ Pro Portion ca.: 155 kcal

1 | Romana und Radicchio waschen, trockenschleudern und in mundgerechte Stücke zupfen. Frühlingszwiebeln waschen, putzen und mit dem zarten Grün in feine Röllchen schneiden.

2 | Den Kürbis entkernen, schälen und klein würfeln. Mit dem Zitronensaft mischen. Für das Dressing Essig mit Senf, Salz, Pfeffer und 4 EL Öl verquirlen.

3 | Übriges Öl in einer Pfanne erhitzen. Die Kürbiswürfel darin bei mittlerer Hitze unter Rühren 4 Min. braten. Die Walnusskerne in Stücke brechen, dazugeben und 1 weitere Min. mitbraten. Salzen und pfeffern.

4 | Die Salate mit dem Dressing und den Zwiebelringen mischen. Salat auf Tellern verteilen, mit dem Kürbis bestreuen und servieren.

➤ Dazu passen: Vollkornbrötchen

➤ Getränke: Weißwein oder trockener Cidre

für Gäste | schnell

Kürbis-Sellerie-Salat mit Räucherlachs

FÜR 4 PERSONEN

- **400 g Kürbis**
- **4 Stangen Staudensellerie**
- **100 ml Gemüsebrühe**
- **1 Hand voll Spinat**
- **1 TL Quittengelee (ersatzweise Honig)**
- **2 EL Zitronensaft**
- **Salz**
- **Pfeffer, frisch gemahlen**
- **1 Prise gemahlener Kümmel**
- **4 EL Olivenöl**
- **8 dünne Scheiben Räucherlachs**

Zubereitung: 30 Min.

➤ Pro Portion ca.: 310 kcal

1 | Den Kürbis entkernen, schälen und in 1 cm breite und 4 cm lange Stücke schneiden. Sellerie waschen, putzen und in 4 cm lange Stücke schneiden. Beides in der Brühe zugedeckt bei mittlerer Hitze in etwa 8 Min. bissfest garen.

2 | Spinat verlesen, waschen und gut trockenschleudern. Gelee mit Zitronensaft, Salz, Pfeffer und Kümmel verrühren, das Öl unterschlagen.

3 | Kürbis und Sellerie abtropfen und leicht abkühlen lassen, mit dem Dressing mischen. Spinat auf Teller geben, Kürbis und Sellerie darauf verteilen und mit dem Lachs garnieren.

➤ Dazu passt: Baguette

➤ Getränke: aromatischer Weißwein

im Bild hinten: Blattsalate mit Kürbis und Nüssen *im Bild vorne:* Kürbis-Sellerie-Salat mit Räucherlachs ➤

Suppen und Eintöpfe

Eine schlichte Kürbissuppe steht im Herbst auf fast jeder Speisekarte. Dass sie aber auch einmal etwas ungewöhnlicher mit Curry gewürzt sein kann oder gut mit karamellisierten Trauben und Chili schmeckt, davon können Sie sich mit den Rezepten in diesem Kapitel überzeugen. Dazu gesellen sich ein paar schnelle Eintöpfe mit diesem vielseitigen Gemüse – mal mit Balsamico, mal mit Geflügel oder Käsebällchen, und immer gut!

Blitzrezepte

Kürbis-Curry-Suppe

FÜR 4 PERSONEN

➤ **600 g Kürbis | 500 g Spinat | 1 Stück frischer Ingwer (1 cm) | 1 Zwiebel | 3 EL Butterschmalz | 1 EL Currypulver | 1 l Gemüsebrühe | Salz | 2 EL Cashewnusskerne**

1 | Den Kürbis putzen und klein würfeln. Spinat verlesen, waschen. Ingwer und Zwiebel schälen, sehr fein hacken und in 2 EL Butterschmalz andünsten. Mit dem Curry bestäuben, Kürbis gut unterrühren.

2 | Brühe angießen. Die Suppe zugedeckt bei mittlerer Hitze 10 Min. köcheln lassen. Salzen, den Spinat grob hacken und untermischen, zusammenfallen lassen. Die Cashewnusskerne im restlichen Schmalz rösten. Die Suppe damit bestreuen.

Kürbis-Balsamico-Gulasch mit Wurst

FÜR 4 PERSONEN

➤ **600 g Kürbis | 2 rote Zwiebeln | 2 Tomaten | 2 EL Olivenöl | 2 EL Aceto balsamico | Salz | Pfeffer, frisch gemahlen | 1 Prise Zucker | 600 g rohe Bratwürste**

1 | Kürbis putzen und würfeln. Zwiebeln schälen, halbieren und in feine Streifen schneiden. Tomaten häuten und würfeln.

2 | Kürbis und Zwiebeln im Öl anbraten, Tomaten und Balsamessig dazugeben. Mit Salz, Pfeffer und Zucker abschmecken und zugedeckt in 10 Min. bissfest dünsten. Inzwischen Würste ohne Fett bei mittlerer Hitze knusprig braten. Kürbis-Balsamico-Gulasch mit den Bratwürsten servieren.

Klassiker | schnell

Kürbiscreme mit Kernöl

FÜR 4 PERSONEN

- **900 g Kürbis**
- **150 g mehlig kochende Kartoffeln**
- **10 Wacholderbeeren**
- **2 EL Butter**
- **1 l Gemüsebrühe**
- **Salz**
- **Pfeffer, frisch gemahlen**
- **1 EL Apfelessig**
- **2 Scheiben Toastbrot**
- **2 EL Kürbiskerne**
- **1 EL Schnittlauchröllchen**
- **4 EL Kürbiskernöl**

Zubereitung: 35 Min.
➤ Pro Portion ca.: 285 kcal

1 | Kürbis und Kartoffeln putzen, schälen und klein würfeln. Die Wacholderbeeren im Mörser fein zerstoßen.

2 | Die Kürbis- und Kartoffelwürfel mit dem Wacholder in der Hälfte der Butter kurz dünsten. Mit der Brühe ablöschen. Salzen, pfeffern und zugedeckt bei mittlerer Hitze 10–15 Min. garen, bis das Gemüse weich ist. Die Suppe im Topf pürieren, mit Essig würzen und warm halten.

3 | Brot würfeln, mit Kürbiskernen in der übrigen Butter knusprig braten. Die Suppe mit Brotmischung und Schnittlauch bestreuen und mit Kürbiskernöl beträufeln.

➤ Dazu passt: Roggenbrot

für Gäste | vegetarisch

Kürbissuppe mit Kartoffelwürfeln

FÜR 4 PERSONEN

- **1 Stück Kürbis oder 2 Patissons (600 g)**
- **800 g Tomaten**
- **1 rote Zwiebel**
- **1 Bund Basilikum**
- **3 EL Olivenöl**
- **1/2 l Gemüsebrühe | Salz**
- **Pfeffer, frisch gemahlen**
- **250 g fest kochende Kartoffeln**
- **3 Knoblauchzehen**
- **4 TL Crème fraîche**

Zubereitung: 35 Min.
➤ Pro Portion ca.: 205 kcal

1 | Kürbisstück entkernen, schälen und klein würfeln, Patissons waschen, würfeln. Die Tomaten überbrühen, häuten und würfeln, dabei die Stielansätze entfernen. Zwiebel schälen und hacken. Basilikumblätter abzupfen, die Hälfte beiseite legen, den Rest fein hacken.

2 | Die Zwiebel in 1 EL Öl glasig dünsten. Kürbis und gehacktes Basilikum kurz mitdünsten. Tomaten und Brühe dazugeben. Die Suppe salzen, pfeffern und zugedeckt bei mittlerer Hitze 15 Min. köcheln lassen.

3 | Kartoffeln schälen und in etwa 1/2 cm große Würfel schneiden. Im übrigen Öl in einer beschichteten Pfanne bei mittlerer Hitze in 10 Min. gar braten. Den Knoblauch schälen und dazupressen. Salzen und pfeffern.

4 | Restliches Basilikum in Streifen schneiden. Die Suppe auf Teller verteilen, mit Kartoffeln, Basilikum und je 1 TL Crème fraîche garnieren.

➤ Dazu passt: Ciabatta

im Bild hinten: **Kürbiscreme mit Kernöl** *im Bild vorne:* **Kürbissuppe mit Kartoffelwürfeln** ➤

preiswert | scharf

Kürbissuppe mit Linsen

FÜR 4 PERSONEN

- 1 große Zwiebel
- 1/2 Bund Thymian
- 2 EL Olivenöl
- 100 g Puy-Linsen
- 1 l Gemüsebrühe
- 2 getrocknete Chilischoten
- 1 kg Kürbis
- 6 EL Sahne
- 2 EL Apfelessig
- Salz

Zubereitung: 1 Std.

➤ Pro Portion ca.: 285 kcal

1 | Die Zwiebel schälen und fein würfeln. Den Thymian waschen, trockenschütteln und die Blättchen von den Zweigen streifen.

2 | Das Olivenöl erhitzen. Zwiebel mit Thymian und Linsen darin andünsten. Mit Brühe ablöschen und zum Kochen bringen. Chilischoten zerbröseln und dazugeben. Zugedeckt bei mittlerer Hitze 30–40 Min. kochen lassen, bis die Linsen gar, aber nicht zu weich sind.

3 | Inzwischen den Kürbis entkernen, schälen und klein würfeln. Kürbiswürfel mit der Sahne in die Suppe geben und alles weitere 5 Min. kochen lassen. Suppe mit Essig und Salz abschmecken und servieren.

➤ Dazu passt: Fladenbrot

➤ Getränke: Rotwein oder Bier

TIPP

Dazu schmeckt ein Püree aus 50 g Pinienkernen, 1 Bund Rucola und 50 ml Olivenöl.

vegetarisch | schnell

Kürbissuppe mit Chili und Trauben

FÜR 4 PERSONEN

- 700 g Kürbis
- 1 mehlig kochende Kartoffel
- 1 Stück frischer Ingwer (2 cm)
- 2 EL Olivenöl
- 1 l Gemüsebrühe
- 2 Frühlingszwiebeln
- 250 g blaue Weintrauben
- 2 rote Chilischoten
- 1 EL Butter
- 1/2 EL Zucker | Salz
- Pfeffer, frisch gemahlen
- 1 EL Zitronensaft

Zubereitung: 25 Min.

➤ Pro Portion ca.: 205 kcal

1 | Den Kürbis und die Kartoffel putzen, schälen und würfeln. Den Ingwer schälen und klein hacken.

2 | Das Olivenöl erhitzen, Kürbis, Kartoffel und Ingwer darin anbraten. Mit der Brühe aufgießen und zugedeckt bei schwacher Hitze in etwa 15 Min. weich kochen.

3 | Inzwischen die Frühlingszwiebeln waschen, putzen und in feine Ringe schneiden. Trauben waschen, halbieren und entkernen. Die Chilischoten waschen, putzen und klein würfeln. Die Butter mit dem Zucker schmelzen. Die Trauben mit Chili darin etwa 5 Min. braten. Mit Salz, Pfeffer und Zitronensaft würzen. Suppe pürieren und mit den Trauben und den Frühlingszwiebeln garniert servieren.

➤ Dazu passt: Baguette

im Bild hinten: Kürbissuppe mit Linsen *im Bild vorne:* Kürbissuppe mit Chili und Trauben ➤

für Gäste

Feiner Kürbis-Geflügel-Topf

FÜR 4 PERSONEN

- **600 g Kürbis**
- **300 g Brokkoli**
- **Salz**
- **500 g Hähnchenbrustfilet**
- **2 Zwiebeln**
- **2 EL Butterschmalz**
- **Pfeffer, frisch gemahlen**
- **3/8 l Hühnerbrühe**
- **2 Frühlingszwiebeln**
- **3 EL Crème fraîche**
- **2–3 TL scharfer Senf**
- **abgeriebene Schale und Saft von 1/2 unbehandelten Zitrone**

Zubereitung: 40 Min.

Pro Portion ca.: 475 kcal

1 | Den Kürbis entkernen, schälen und würfeln. Den Brokkoli waschen, Röschen abtrennen, Stiele schälen und in Scheiben schneiden. Röschen und Stiele in Salzwasser 2 Min. kochen, abschrecken.

2 | Hühnerfleisch waschen, trockentupfen, 1 cm groß würfeln. Zwiebeln schälen, in feine Streifen schneiden.

3 | Fleisch in 1 EL Schmalz anbraten, salzen und pfeffern. Zwiebelstreifen im übrigen Schmalz glasig dünsten. Kürbis und Brokkoli kurz mitbraten, Fleisch untermischen, die Brühe angießen und alles zugedeckt bei mittlerer Hitze 10 Min. kochen lassen.

4 | Die Frühlingszwiebeln waschen, putzen und in Ringe schneiden. Die Crème fraîche unter das Ragout rühren und mit dem Senf, Zitronenschale und -saft abschmecken. Die Zwiebelringe darauf streuen.

- Dazu passen: Pellkartoffeln
- Getränk: Bier

gelingt leicht

Kürbistopf mit Käsebällchen

FÜR 4 PERSONEN

- **500 g Kürbis**
- **400 g fest kochende Kartoffeln**
- **1 Stange Lauch**
- **1 rote Paprikaschote**
- **2 EL Butter**
- **1/4 l Gemüsebrühe**
- **200 g Schafkäse (Feta)**
- **200 g Hackfleisch**
- **1 EL scharfer Senf**
- **1 Ei (Größe M)**
- **4 EL Semmelbrösel | Salz**
- **Pfeffer, frisch gemahlen**

Zubereitung: 45 Min.

Pro Portion ca.: 445 kcal

1 | Den Kürbis entkernen, schälen und in 2 cm große Würfel schneiden. Kartoffeln schälen und 1 cm groß würfeln. Den Lauch waschen und putzen, einen Teil des zarten Grüns fein hacken und beiseite legen, Rest in 1 cm breite Ringe schneiden. Paprika waschen, putzen und würfeln.

2 | Das Gemüse in der Butter anbraten, mit der Brühe ablöschen. Bei schwacher Hitze zugedeckt 10 Min. garen.

3 | Schafkäse zerdrücken, mit dem Hackfleisch, gehacktem Lauch, Senf, Ei, Bröseln, Salz und Pfeffer verkneten und zu kleinen Bällchen formen. Auf das Gemüse legen und zugedeckt weitere 10 Min. garen. Vorsichtig mischen, abschmecken.

- Dazu passt: Bauernbrot
- Getränk: Bier

im Bild hinten: **Feiner Kürbis-Geflügel-Topf** *im Bild vorne:* **Kürbistopf mit Käsebällchen**

Vegetarische Gerichte

Ob selbst gemachte Ravioli mit einer würzigen Kürbisfüllung, Schnelles aus dem Wok oder was Feines aus dem Ofen, das man ganz entspannt vorbereiten und garen lassen kann – Kürbis ist ungemein vielseitig und lässt sich in immer wieder anderen Variationen zubereiten. Dass Fleisch oder Fisch bei diesen Gerichten fehlen könnten, wird sicher niemandem auffallen.

Blitzrezepte

Kürbis-Pilz-Lauch-Gemüse aus dem Wok

FÜR 4 PERSONEN

➤ **500 g Kürbis | 250 g Champignons | 2 Stangen Lauch | 1 getrocknete Chilischote | 1 Stück frischer Ingwer (2 cm) | 2 EL Öl | 3 EL Sojasauce | 2 EL Reiswein | 100 ml Asiafond | 1 EL Sesamöl | Korianderblättchen zum Bestreuen**

1 | Kürbis, Pilze und Lauch waschen oder putzen. Kürbis und Lauch in Stifte, die Pilze in Scheiben schneiden. Die Chili zerkrümeln, Ingwer schälen und fein hacken.

2 | Öl im Wok erhitzen. Gemüse darin 3–4 Min. braten. Chili und Ingwer kurz mitbraten. Sojasauce mit Reiswein und Fond mischen, dazugeben. Mit Sesamöl beträufeln und mit Koriander bestreuen.

Penne mit Kürbissugo

FÜR 4 PERSONEN

➤ **400 g Kürbis | 100 g durchwachsener Räucherspeck | 2 rote Zwiebeln | 1 TL Kümmelsamen | 1/8 l Gemüsebrühe | Salz | Pfeffer, frisch gemahlen | 400 g Penne | 1 EL gehackte Petersilie | 2 EL saure Sahne**

1 | Den Kürbis putzen und klein würfeln. Speck ebenfalls würfeln, Zwiebeln schälen und fein hacken. Speck in einem Topf auslassen, Zwiebeln, Kürbis und Kümmel kurz mitbraten. Mit der Brühe aufgießen, salzen, pfeffern und bei schwacher Hitze zugedeckt 10 Min. schmoren lassen. Die Nudeln in kochendem Salzwasser nach Packungsaufschrift al dente garen. Petersilie und saure Sahne zum Kürbis geben. Nudeln abgießen, mit dem Sugo servieren.

gut vorzubereiten | preiswert

Kürbis-Ravioli

FÜR 4 PERSONEN

- **350 g Mehl**
- **4 Eier (Größe M)**
- **1 EL Olivenöl | Salz**
- **700 g Kürbis**
- **40 g gehäutete Mandeln**
- **2 Amarettini**
- **1/2 Bund Petersilie**
- **1 Frühlingszwiebel**
- **Schale von 1/2 unbehandelten Zitrone**
- **50 g Parmesan, frisch gerieben**
- **Pfeffer, frisch gemahlen**

Zubereitung: 2 Std.

Pro Portion ca.: 545 kcal

1 | Das Mehl mit Eiern, Olivenöl und 1 TL Salz verkneten und bei Zimmertemperatur ruhen lassen.

2 | Inzwischen für die Füllung den Kürbis entkernen, schälen und würfeln. Mit Salzwasser in einem Topf zum Kochen bringen und zugedeckt in 10–15 Min. bei mittlerer Hitze weich garen. Das Wasser abgießen und den Kürbis noch etwa 5 Min. bei schwacher Hitze ausdämpfen lassen.

3 | Die Mandeln fein reiben, die Amarettini zerbröseln. Die Petersilie waschen und trockenschütteln, die Frühlingszwiebel waschen und putzen. Beides mit der Zitronenschale sehr fein hacken.

4 | Den Kürbis fein pürieren, mit Mandeln, Amarettini, Petersilienmischung und Parmesan verrühren. Mit Salz und Pfeffer abschmecken.

5 | Teig sehr dünn ausrollen, die Hälfte davon mit Füllung belegen, übrigen Teig darüber decken, zwischen der Füllung andrücken und zu Ravioli ausschneiden.

6 | Reichlich Salzwasser zum Kochen bringen, die Ravioli darin in 3–4 Min. al dente garen. Abgetropft in vorgewärmten Tellern servieren.

- Dazu passen: in Butter geröstete Pinienkerne und frisch geriebener Parmesan
- Getränk: aromatischer Weißwein

1 **Teig kneten**

Die Teigzutaten so lange kneten, bis der Teig elastisch und glatt ist. Im Tuch ruhen lassen.

2 **Füllung verteilen**

Mit einem Teelöffel Füllung mit etwa 4 cm Abstand auf die Hälfte der Teigplatte setzen.

3 **Ravioli formen**

Mit übriger Teigplatte bedecken, Teig rund um die Füllung festdrücken. Ravioli ausschneiden.

gelingt leicht | für Gäste

Schalotten-Kürbis-Puffer

FÜR 4 PERSONEN

- **800 g Kürbis**
- **4 Schalotten**
- **2 Knoblauchzehen**
- **1 Kästchen Gartenkresse**
- **2 Eier (Größe L) | 4 EL Mehl**
- **1 EL Kürbiskerne**
- **1 TL abgeriebene unbehandelte Zitronenschale**
- **Salz**
- **Pfeffer, frisch gemahlen**
- **Cayennepfeffer**
- **2 TL Kürbiskernöl**
- **3 EL Butterschmalz**

Zubereitung: 35 Min.
Pro Portion ca.: 220 kcal

1 | Den Kürbis entkernen, schälen und fein raspeln, ausdrücken. Schalotten schälen, in feine Streifen schneiden. Knoblauch schälen, hacken. Kresse vom Beet schneiden.

2 | Alles mit den Eiern, dem Mehl, den Kürbiskernen und der Zitronenschale mischen. Mit Salz, Pfeffer, Cayennepfeffer und Kernöl würzen und gründlich verrühren.

3 | In einer beschichteten Pfanne etwas Butterschmalz heiß werden lassen. Puffer in die Pfanne setzen, 4 Min. bei mittlerer Hitze braten, dann wenden und weitere 4 Min. braten. Aus dem übrigen Teig ebenfalls Puffer zubereiten, die gebackenen im Ofen bei 50° warm halten.

- Dazu passen: cremiger Joghurt und gemischter Blattsalat
- Getränk: Weißwein

für Gäste

Kürbis-Steinpilz-Risotto

FÜR 4 PERSONEN

- **20 g getrocknete Steinpilze**
- **1 dünne Stange Lauch**
- **2 Knoblauchzehen**
- **2 EL Butter**
- **400 g Risotto-Reis**
- **1/4 l trockener Weißwein (ersatzweise Gemüsebrühe)**
- **etwa 3/4 l heiße Gemüsebrühe | 600 g Kürbis**
- **1/2 Bund Petersilie**
- **50 g Parmesan, frisch gerieben | Salz**
- **Pfeffer, frisch gemahlen**

Zubereitung: 50 Min.
Quellzeit: 30 Min.
Pro Portion ca.: 560 kcal

1 | Pilze in 1/4 l lauwarmem Wasser 30 Min. quellen lassen. Dann durch ein Sieb gießen, die Flüssigkeit auffangen und die Pilze hacken.

2 | Lauch waschen, putzen und fein hacken. Den Knoblauch schälen, fein würfeln. Beides in 1 EL Butter bei mittlerer Hitze andünsten. Den Reis hinzufügen.

3 | Die Pilze dazugeben, Wein angießen und verdampfen lassen. Brühe und Pilzflüssigkeit nach und nach zum Reis gießen. Häufig durchrühren.

4 | Nach 10 Min. Kürbis entkernen, schälen und klein würfeln. Zum Reis geben, in weiteren 15 Min. fertig garen. Petersilie waschen, trockenschütteln und hacken. Mit Käse und übriger Butter unter den Risotto mischen, salzen und pfeffern.

- Dazu passt: frisch geriebener Parmesan
- Getränke: Weißwein

im Bild hinten: **Kürbis-Steinpilz-Risotto** *im Bild vorne:* **Schalotten-Kürbis-Puffer**

kalorienarm

Spaghettikürbis mit Lauch

FÜR 4 PERSONEN

➤ 1 Spaghettikürbis (etwa 1 1/2 kg)
2 Stangen Lauch
2 Knoblauchzehen
1 großes Bund Rucola
6 getrocknete, in Öl eingelegte Tomaten
2 EL Olivenöl | 2 EL Kapern
80 ml Gemüsebrühe
Salz
Pfeffer, frisch gemahlen

◷ Zubereitung: 40 Min.
➤ Pro Portion ca.: 170 kcal

1 | Spaghettikürbis waschen und längs halbieren, Kerne mit einer Küchenschere entfernen. Die Hälften nebeneinander mit der Schale nach unten in einen weiten Topf setzen, 5 cm hoch Wasser angießen. Den Kürbis bei mittlerer Hitze zugedeckt 30 Min. garen, bis das Fruchtfleisch wie Spaghetti aussieht.

2 | Lauch waschen, putzen und in Streifen schneiden. Den Knoblauch schälen und fein hacken. Den Rucola verlesen, waschen, trockenschleudern und grob hacken. Die Tomaten in feine Streifen schneiden.

3 | Lauch und Knoblauch im Öl andünsten. Kapern, Tomaten, Rucola und Brühe dazugeben. Salzen, pfeffern und zugedeckt bei mittlerer Hitze 5 Min. dünsten.

4 | Das Kürbisfruchtfleisch mit einer Gabel lockern und aus den Hälften lösen. Zum Lauch geben und alles locker mischen.

➤ Dazu passt: frisch geriebener Parmesan
➤ Getränke: Weißwein oder Bier

für Gäste | schnell

Rondini mit Käse-Tomaten-Sauce

FÜR 4 PERSONEN

➤ 8 kleinere Rondini
400 g Tomaten
1 Knoblauchzehe
150 g Gorgonzola
1/2 Bund Petersilie
Salz | 1 EL Kürbiskerne
1 EL Olivenöl
100 g Sahne
Pfeffer, frisch gemahlen

◷ Zubereitung: 30 Min.
➤ Pro Portion ca.: 295 kcal

1 | Die Rondini waschen und die Stielansätze abschneiden. Die Tomaten überbrühen, häuten, entkernen und klein würfeln, dabei die Stielansätze entfernen. Knoblauch schälen und hacken. Käse würfeln, Petersilie waschen, trockenschütteln, fein hacken.

2 | Die Rondini in Salzwasser zugedeckt 10 Min. kochen. Inzwischen Kürbiskerne im Öl anrösten, herausnehmen. Die Tomaten mit dem Knoblauch im verbliebenen Öl unter Rühren 2 Min. dünsten.

3 | Gorgonzola mit der Sahne dazugeben und bei schwacher Hitze schmelzen lassen. Sauce salzen und pfeffern, Petersilie untermischen. Die Rondini abtropfen lassen, halbieren und mit Sauce und Kürbiskernen bestreut servieren.

➤ Dazu passen: Pellkartoffeln
➤ Getränk: leichter Rotwein

im Bild hinten: Rondini mit Käse-Tomaten-Sauce *im Bild vorne:* Spaghettikürbis mit Lauch ➤

preiswert | würzig

Kartoffeln mit Kürbisfüllung

FÜR 4 PERSONEN

- 8 gleich große Kartoffeln (etwa 1 kg)
- 500 g Kürbis
- 2 Knoblauchzehen
- 10 entsteinte schwarze Oliven
- 1 EL Kapern | 1 Bund Dill
- 200 g Schafkäse (Feta)
- 4 EL Joghurt | Salz
- Pfeffer, frisch gemahlen
- 1/2 TL gemahlener Kreuzkümmel
- 2 EL Olivenöl

Zubereitung: 35 Min.
Backzeit: 25 Min.
Pro Portion ca.: 355 kcal

1 | Die Kartoffeln waschen und in der Schale in wenig Wasser 20 Min. vorgaren.

2 | Kürbis entkernen, schälen und fein raspeln. Knoblauch schälen und durch die Presse dazudrücken. Die Oliven in Streifen schneiden, Kapern hacken. Den Dill waschen, trockenschütteln und fein hacken. Alles zum Kürbis geben. Den Schafkäse sehr fein zerdrücken und mit dem Joghurt unterrühren. Mit Salz, Pfeffer und Kreuzkümmel abschmecken.

3 | Die Kartoffeln etwas ausdämpfen lassen, längs halbieren und mit einem Teelöffel bis auf einen knapp 1 cm dicken Rand aushöhlen. Das Ausgehöhlte fein schneiden.

4 | Den Backofen auf 200° (Umluft 180°) vorheizen. Die Hälfte des ausgehöhlten Kartoffelfleisches unter die Füllung mischen, in die ausgehöhlten Kartoffeln füllen. Diese in eine hitzebeständige Form setzen, mit dem Öl beträufeln. Kartoffeln im Ofen (Mitte) 25 Min. backen.

gelingt leicht | für Gäste

Kürbis-Rosenkohl-Gratin

FÜR 4 PERSONEN

- 600 g Kürbis
- 500 g Rosenkohl
- 1 Bund Frühlingszwiebeln
- Salz
- Pfeffer, frisch gemahlen
- rosenscharfes Paprikapulver
- 200 g Crème fraîche
- 200 ml Milch
- 1 Bund Petersilie
- 50 g Walnusskerne
- 50 g Bergkäse, frisch gerieben
- 1 EL Butter

Zubereitung: 20 Min.
Backzeit: 45 Min.
Pro Portion ca.: 435 kcal

1 | Kürbis entkernen und schälen, Rosenkohl putzen, beides in dünne Scheiben schneiden. Die Frühlingszwiebeln waschen, putzen und mit dem Grün in feine Ringe schneiden.

2 | Den Backofen auf 180° vorheizen. Kürbis, Zwiebeln und Rosenkohl mit Salz, Pfeffer und Paprika in einer hitzebeständigen Form mischen.

3 | Crème fraîche mit der Milch verrühren und über das Gemüse gießen. Petersilie waschen, trockenschütteln und mit den Nüssen hacken. Mit dem Käse mischen und auf dem Gratin verteilen. Mit Butterflöckchen belegen und im Ofen (Mitte, Umluft 160°) etwa 45 Min. backen.

im Bild hinten: **Kürbis-Rosenkohl-Gratin** *im Bild vorne:* **Kartoffeln mit Kürbisfüllung**

für Gäste | gut vorzubereiten

Kürbis-Gnocchi mit Kräuterpilzen

FÜR 4 PERSONEN

- 900 g Kürbis
  250 g mehlig kochende Kartoffeln
  100 g Hartweizengrieß
  200 g Mehl
  Salz
  400 g Champignons
  1 Bund Petersilie
  1 Bund Rucola
  1 EL Butter
  50 ml Gemüsebrühe
  2 EL Crème fraîche
  Pfeffer, frisch gemahlen
  1 EL Zitronensaft

Zubereitung: 1 3/4 Std.

- Pro Portion ca.: 400 kcal

1 | Backofen auf 200° vorheizen. Kürbis entkernen und das ganze Stück im Ofen (Mitte, Umluft 180°) in 40 Min. weich backen. Etwas auskühlen lassen, schälen.

2 | Kartoffeln waschen und in der Schale in Wasser in etwa 25 Min. weich garen. Etwas ausdämpfen lassen, schälen und durch die Kartoffelpresse drücken. Mit Grieß, Mehl und 1 kräftigen Prise Salz zu einem gebundenen Teig verkneten. Zu Nocken formen und auf die bemehlte Arbeitsfläche legen, mit einer Gabel leicht flach drücken.

3 | Die Pilze putzen und in dünne Scheiben schneiden. Petersilie und Rucola waschen, trockenschleudern und fein schneiden.

4 | Die Pilze in der Butter kräftig anbraten, Kräuter dazugeben, Brühe angießen und die Pilze 5–10 Min. zugedeckt bei mittlerer Hitze dünsten.

5 | Gleichzeitig die Gnocchi in Salzwasser garen. Die Crème fraîche unter die Pilze mischen, mit Salz, Pfeffer und Zitronensaft abschmecken. Die Gnocchi abgetropft mit den Kräuterpilzen servieren.

- Dazu passt: frisch geriebener Parmesan
- Getränk: Rotwein

1 **Durchpressen**
Die Kartoffeln schälen und noch heiß mit dem Kürbis durch die Kartoffelpresse drücken.

2 **Teig zubereiten**
Kürbismischung mit Grieß, Mehl und Salz verkneten, mit Teelöffeln Nocken daraus formen.

3 **Gnocchi garen**
Gnocchi in leise siedendes Wasser geben und 10 Min. darin garen, bis sie nach oben steigen.

für Gäste | gelingt leicht

Patissons mit Ricottafüllung

FÜR 4 PERSONEN

- **8 kleinere Patissons (je etwa 200 g)**
- **1 rote Paprikaschote**
- **1 Bund gemischte Kräuter (z. B. Basilikum, Thymian, Majoran und Petersilie)**
- **2 Knoblauchzehen**
- **250 g Ricotta**
- **2 Eier (Größe S) | Salz**
- **Pfeffer, frisch gemahlen**
- **Cayennepfeffer**
- **1 TL abgeriebene unbehandelte Zitronenschale**
- **1/4 l Gemüsebrühe**

Zubereitung: 30 Min.
Backzeit: 30 Min.
➤ Pro Portion ca.: 225 kcal

1 | Die Patissons waschen, einen Deckel abschneiden und die Kürbisse bis auf einen Rand von 1 cm Dicke aushöhlen. Den Teil mit den Kernen wegschneiden, Rest mit den Deckeln würfeln. Paprika waschen, putzen und würfeln. Kräuter waschen, trockenschütteln und hacken. Den Knoblauch schälen und durch die Presse drücken.

2 | Ricotta mit Patissonfleisch, Paprika, Kräutern, Knoblauch und Eiern mischen und mit Salz, Pfeffer, Cayennepfeffer und Zitronenschale abschmecken.

3 | Den Backofen auf 200° vorheizen. Die Patissons mit der Ricottamasse füllen und nebeneinander in eine hitzebeständige Form setzen, die Brühe angießen. Patissons im Ofen (Mitte, Umluft 180°) etwa 30 Min. backen.

➤ Dazu passt: Baguette

gelingt leicht

Patissons mit Tomaten

FÜR 4 PERSONEN

- **1 kg junge Patissons**
- **600 g Tomaten**
- **2 rote Zwiebeln**
- **2 Knoblauchzehen**
- **50 g entsteinte schwarze Oliven**
- **1 großes Bund Rucola**
- **1 Orange | 3 EL Olivenöl**
- **1/8 l trockener Rotwein (ersatzweise Gemüsebrühe) | Salz**
- **Pfeffer, frisch gemahlen**

Zubereitung: 50 Min.
➤ Pro Portion ca.: 175 kcal

1 | Die Patissons waschen und in knapp 1 cm dicke Scheiben schneiden. Große Scheiben halbieren.

2 | Tomaten überbrühen, häuten und würfeln, dabei die Stielansätze entfernen. Die Zwiebeln schälen und in feine Streifen schneiden. Knoblauch schälen und in Scheiben teilen. Die Oliven in Streifen schneiden. Den Rucola verlesen, waschen, trockenschleudern, hacken. Die Orange auspressen.

3 | Zwiebeln mit Knoblauch in 1 EL Öl glasig dünsten. Tomaten, Rucola und Oliven dazugeben. Mit Wein und Orangensaft ablöschen, salzen und pfeffern. Die Sauce offen bei mittlerer Hitze 20 Min. köcheln lassen.

4 | Patissonscheiben salzen und pfeffern, im übrigen Öl bei mittlerer Hitze pro Seite 4–5 Min. braten. Mit dem Tomatenragout servieren.

➤ Dazu passen: Ofenkartoffeln

im Bild hinten: **Patissons mit Tomaten** *im Bild vorne:* **Patissons mit Ricottafüllung** ➤

Mit Fisch und Fleisch

Feinschmecker, die gerne Fleisch und Fisch essen, wissen es – mit einem feinen Gemüse als Beilage oder Begleitung oder auch einmal mit einer interessanten Füllung ist der Genuss noch mal so groß. Und Kürbis passt dabei nicht nur zu Fisch und Meeresfrüchten, sondern auch zu Fleisch und Geflügel ganz hervorragend. Zudem sind alle Gerichte leicht zuzubereiten und lassen sich meist gut vorbereiten oder in kurzer Zeit fertig stellen.

Blitzrezepte

Kürbis-Garnelen-Curry

FÜR 4 PERSONEN

➤ 1 Bund Frühlingszwiebeln | 1 Stück frischer Ingwer (2 cm) | 2 Knoblauchzehen | 600 g Kürbis | 2 EL Öl 400 ml Kokosmilch | 1 1/2 EL grüne Currypaste | 4 EL Zitronensaft | Salz 200 g gegarte geschälte Garnelen

1 | Frühlingszwiebeln waschen, putzen und in Ringe schneiden. Ingwer und Knoblauch schälen, hacken. Den Kürbis putzen und 1 cm groß würfeln.

2 | Zwiebeln, Ingwer, Knoblauch und Kürbis im Öl bei starker Hitze 4–5 Min. braten. Kokosmilch mit Currypaste und Zitronensaft untermischen, salzen und offen bei mittlerer Hitze 3 Min. köcheln lassen. Die Garnelen darin erhitzen.

Schnitzel mit saurem Kürbisgemüse

FÜR 4 PERSONEN

➤ 4 Schweine- oder Kalbsschnitzel (je etwa 180 g) | 1 EL scharfer Senf | Salz Pfeffer, frisch gemahlen | 600 g Kürbis 2 Zwiebeln | 3 EL Butter | 1/8 l Apfelsaft | 2 EL Apfelessig | 2 TL Ahornsirup

1 | Schnitzel mit Senf, Salz und Pfeffer würzen. Kürbis putzen, würfeln. Zwiebeln schälen und in Streifen schneiden.

2 | Zwiebeln in der Hälfte der Butter andünsten, Kürbis dazugeben. Mit Apfelsaft aufgießen, zugedeckt bei schwacher Hitze 10–15 Min. schmoren lassen. Schnitzel in übriger Butter pro Seite 2–3 Min. braten. Kürbis mit Essig, Sirup, Salz und Pfeffer abschmecken, zum Schnitzel servieren.

für Gäste | gelingt leicht

Hühnerkeulen auf Kürbis-Quitten-Gratin

FÜR 4 PERSONEN

- 2 Quitten (etwa 480 g)
- 800 g Kürbis | 3 Zwiebeln
- einige Zweige Thymian
- Salz
- Pfeffer, frisch gemahlen
- 1/8 l Hühnerbrühe
- 1/8 l trockener Weißwein (ersatzweise Hühnerbrühe) | 2 EL Zitronensaft
- 4 Hühnerkeulen
- 1 EL scharfer Senf
- 2 EL Olivenöl

Zubereitung: 40 Min.
Backzeit: 40 Min.
Pro Portion ca.: 470 kcal

1 | Die Quitten schälen und vom Kerngehäuse befreien. Den Kürbis entkernen und schälen. Zwiebeln schälen, hacken. Thymian waschen und trockenschütteln, die Blättchen abstreifen.

2 | Den Backofen auf 220° vorheizen. Quitten und Kürbis in feine Scheiben hobeln, lagenweise in eine hitzebeständige Form einschichten. Dabei jede Lage mit Zwiebeln und Thymian bestreuen und mit Salz und Pfeffer würzen.

3 | Brühe mit Wein und Zitronensaft mischen, über das Gemüse gießen. Keulen waschen, trockentupfen, salzen, pfeffern und mit Senf bestreichen. Auf das Gratin legen und alles mit dem Öl beträufeln. Im Ofen (Mitte, Umluft 200°) 40 Min. backen.

➤ Dazu passen: Bratkartoffeln

gelingt leicht

Entenbrust mit Kürbis

FÜR 4 PERSONEN

- 2 Entenbrüste (je ca. 330 g)
- 1 unbehandelte Zitrone
- 6 Zweige Rosmarin | Salz
- Pfeffer, frisch gemahlen
- 1 kg Kürbis
- 4 Schalotten
- 2 EL Zucker | 2 EL Butter
- 200 ml Geflügelfond
- 2 EL Aceto balsamico

Zubereitung: 1 Std.
Pro Portion ca.: 500 kcal

1 | Entenbrüste waschen, trockentupfen und die Haut kreuzweise einschneiden. Zitrone heiß waschen, Schale abreiben. Rosmarin waschen, trockenschütteln und die Nadeln fein hacken. Beides mit Salz und Pfeffer mischen. Entenbrüste damit einreiben.

2 | Backofen auf 80° (Ober- und Unterhitze!) vorheizen. Entenbrüste in einer ofenfesten Pfanne auf der Hautseite 5 Min. braten, wenden und 2 Min. braten. Entenbrüste im Ofen (Mitte) 40 Min. braten.

3 | Kürbis entkernen, schälen und 1 cm groß würfeln. Die Schalotten schälen und in Streifen schneiden. Zucker in der Butter bei mittlerer Hitze schmelzen lassen. Kürbis und Schalotten darin 1–2 Min. andünsten. Mit Fond aufgießen, salzen, pfeffern und zugedeckt 10 Min. köcheln lassen.

4 | Zitrone auspressen, Saft mit Aceto balsamico zum Kürbis geben. Entenbrüste in Scheiben schneiden und mit dem Gemüse servieren.

➤ Dazu passt: Baguette

im Bild hinten: Hühnerkeulen auf Kürbis-Quitten-Gratin *im Bild vorne:* Entenbrust mit Kürbis ➤

macht was her

Gefüllter Kürbis

FÜR 4 PERSONEN

- 2 Hokkaidokürbisse (je etwa 1 1/4 kg)
  100 g Instant-Couscous
  100 ml Fleischbrühe
  1 rote Paprikaschote
  1 kleiner Zucchino
  1 rote Zwiebel
  2 Knoblauchzehen
  500 g Rinderhackfleisch
  2 Eier (Größe M) | 2 TL gemahlener Kreuzkümmel
  2 TL rosenscharfes Paprikapulver | Salz

Zubereitung: 30 Min.
Backzeit: 1 1/4 Std.
Pro Portion ca.: 465 kcal

1 | Kürbisse waschen, einen Deckel abschneiden und die Kerne herauslösen. Den Couscous mit der Brühe mischen. Die Paprikaschote waschen, putzen und klein würfeln. Den Zucchino waschen, putzen und raspeln. Zwiebel und Knoblauch schälen und sehr fein hacken. Den Backofen auf 180° vorheizen.

2 | Couscous mit Hackfleisch, zerkleinertem Gemüse, Eiern, Zwiebel, Knoblauch mischen, mit Kreuzkümmel, Paprikapulver und Salz würzen. Die Kürbisse damit füllen, in eine hitzebeständige Form stellen.

3 | Kürbisse im Ofen (Mitte, Umluft 160°) 1 1/4 Std. backen. Kurz ruhen lassen, dann aufschneiden.

TIPP Falls Füllung übrig bleibt, zu Bällchen formen und ca. 20 Min. vor Ende der Garzeit mit in die Form legen.

gut vorzubereiten

Kürbis-Lamm-Topf

FÜR 4 PERSONEN

- 500 g Lammschulter oder -brust (nicht zu fett)
  einige Zweige Rosmarin
  3 Knoblauchzehen
  abgeriebene Schale und Saft von 1 unbehandelten Zitrone | 3 EL Olivenöl
  500 g fest kochende Kartoffeln | 600 g Kürbis
  250 g Wirsing | 2 Zwiebeln
  1 EL Butterschmalz | Salz
  Pfeffer, frisch gemahlen
  1/2 l Gemüsebrühe

Zubereitung: 50 Min.
Marinierzeit: 4 Std.
Garzeit: 1 1/2 Std.
Pro Portionca.: 370 kcal

1 | Lammfleisch in 1 1/2 cm große Würfel schneiden. Rosmarin waschen und trockenschütteln, die Nadeln grob hacken. Knoblauch schälen und fein hacken. Fleisch mit Zitronenschale und -saft, Rosmarin, Knoblauch und Öl mischen und mindestens 4 Std. marinieren lassen

2 | Kartoffeln und Kürbis schälen, putzen und in feine Scheiben hobeln. Wirsing waschen, putzen, in Streifen schneiden. Zwiebeln schälen und in feine Ringe schneiden.

3 | Backofen auf 180° vorheizen. Fleisch im Schmalz in einem Schmortopf portionsweise kräftig anbraten, salzen und pfeffern. Dann Zwiebeln andünsten, das Fleisch und Gemüse lagenweise einschichten, salzen, pfeffern.

4 | Fleischmarinade und Brühe angießen. Alles zugedeckt im Ofen (Mitte, Umluft 160°) 1 1/2 Std. schmoren.

im Bild hinten: Kürbis-Lamm-Topf *im Bild vorne:* Gefüllter Kürbis ➤

für Gäste | gelingt leicht

Gefüllte Kalbsröllchen

FÜR 4 PERSONEN

- **180 g Kürbis**
- **1 Bund Petersilie**
- **100 g Kalbsbrät | Salz**
- **Pfeffer, frisch gemahlen**
- **4 dünne Kalbsschnitzel (je etwa 150 g)**
- **2 Bund Frühlingszwiebeln**
- **2 EL Olivenöl**
- **1/8 l Kalbsfond**
- **1/8 l trockener Weißwein (ersatzweise Kalbsfond)**
- **1 EL Crème fraîche**
- **2 TL Zitronensaft**

Zubereitung: 45 Min.
Pro Portion ca.: 340 kcal

1 | Kürbis entkernen, schälen und fein raspeln. Petersilie waschen, trockenschütteln, Blättchen sehr fein hacken. Mit den Kürbisrapseln und dem Kalbsbrät mischen. Mit Salz und Pfeffer würzen.

2 | Die Kalbsschnitzel mit der Kürbismasse bestreichen, dabei einen kleinen Rand frei lassen. Die Ränder nach innen klappen, die Schnitzel aufrollen, feststecken. Röllchen salzen und pfeffern.

3 | Die Frühlingszwiebeln waschen, putzen und längs halbieren. Die Kalbsröllchen im Öl rundherum anbraten. Die Zwiebelhälften kurz mitbraten. Mit Fond und Wein aufgießen, die Röllchen zugedeckt bei schwacher Hitze 20 Min. schmoren lassen.

4 | Die Kalbsröllchen aus der Sauce nehmen, die Crème fraîche einrühren. Die Sauce mit Salz, Pfeffer und Zitronensaft abschmecken und mit den Röllchen servieren.

- Dazu passen: Bandnudeln
- Getränk: Weißwein

preiswert | gelingt leicht

Kürbis-Apfel-Gratin

FÜR 4 PERSONEN

- **600 g Kürbis**
- **3 säuerliche Äpfel**
- **1 EL Zitronensaft**
- **200 g Sahne | Salz**
- **Pfeffer, frisch gemahlen**
- **150 g durchwachsener Räucherspeck**
- **250 g Zwiebeln**
- **4 Zweige Thymian**
- **1 getrocknete Chilischote**
- **100 g Semmelbrösel**

Zubereitung: 25 Min.
Backzeit: 45 Min.
Pro Portion ca.: 530 kcal

1 | Den Kürbis und die Äpfel entkernen, schälen und in dünne Scheiben schneiden. Mit Zitronensaft mischen. Den Kürbis und die Äpfel lagenweise in eine hitzebeständige Form schichten. Die Sahne mit Salz und Pfeffer verrühren, darüber gießen.

2 | Den Backofen auf 180° vorheizen. Speck würfeln und auslassen. Zwiebeln schälen, hacken und 5 Min. mitbraten. Thymian waschen, trockenschütteln und die Blättchen abstreifen. Chili zerkrümeln und mit dem Thymian unter den Speck mengen. Die Mischung mit den Semmelbröseln verrühren, salzen, auf dem Gratin verteilen. Im Ofen (Mitte, Umluft 160°) etwa 45 Min. backen.

- Dazu passt: Bauernbrot
- Getränk: Rotwein

im Bild hinten: Gefüllte Kalbsröllchen *im Bild vorne:* Kürbis-Apfel-Gratin

schnell | für Gäste

Kürbis-Lachs-Pfanne mit Senf

FÜR 4 PERSONEN

- 800 g Kürbis
- 500 g Lachsfilet
- 2 unbehandelte Zitronen
- 2 Knoblauchzehen
- 4 kleine rote Zwiebeln
- 1 Bund Dill
- 3 EL Olivenöl
- 150 g saure Sahne
- 2 TL Dijon-Senf
- 1 TL süßer Senf
- Salz | Cayennepfeffer

Zubereitung: 35 Min.
Pro Portion ca.: 420 kcal

1 | Kürbis entkernen, schälen und in knapp 1 cm große Stücke schneiden. Lachs kalt abbrausen, trockentupfen und ebenfalls in Würfel schneiden. 1 Zitrone heiß waschen, die Schale abreiben. Die Zitrone auspressen, den Saft je zur Hälfte unter den Fisch und den Kürbis mischen. Übrige Zitrone schälen und klein würfeln.

2 | Knoblauch schälen und in feine Scheiben schneiden. Die Zwiebeln schälen und achteln. Den Dill waschen, trockenschütteln und die Spitzen abzupfen.

3 | Den Kürbis im Öl unter Rühren bei mittlerer Hitze 5 Min. braten. Zwiebeln und Knoblauch hinzufügen und weitere 5 Min. braten. Inzwischen saure Sahne mit beiden Senfsorten, Dill und Zitronenschale mischen.

4 | Lachs auf den Kürbis geben und zugedeckt 5 Min. garen. Zitronenwürfel und Senfcreme vorsichtig unterheben, mit Salz und dem Cayennepfeffer abschmecken.

gelingt leicht

Spaghettikürbis mit Kabeljau

FÜR 4 PERSONEN

- 1 Spaghettikürbis (etwa 1 1/2 kg)
- 400 g Kabeljaufilet
- Salz
- Pfeffer, frisch gemahlen
- 1 Bund Frühlingszwiebeln
- 150 g Kirschtomaten
- 1 Bund Basilikum
- 2 EL Olivenöl
- 1 TL frische grüne Pfefferkörner (ersatzweise eingelegte) | 1/8 l Fischfond
- 2 EL Joghurt
- 1 EL Weißweinessig

Zubereitung: 40 Min.
Pro Portion ca.: 200 kcal

1 | Kürbis waschen und längs halbieren, Kerne entfernen. Die Hälften mit der Schnittfläche nach oben in wenig Salzwasser zugedeckt bei mittlerer Hitze 30 Min. dämpfen, bis das Fruchtfleisch wie Spaghetti aussieht. Mit einer Gabel herauslösen.

2 | Inzwischen den Fisch kalt abbrausen und trockentupfen, würfeln, salzen, pfeffern. Das Gemüse waschen und putzen, die Zwiebeln in Ringe schneiden, Tomaten vierteln. Basilikum grob zerkleinern.

3 | Zwiebeln im Öl andünsten, den Fisch 1 Min. mitbraten. Basilikum, Tomaten, Pfefferkörner und Fond dazugeben, zugedeckt in etwa 2 Min. heiß werden lassen. Den Joghurt und Essig unter das Ragout mischen, salzen. Zum Kürbis servieren.

im Bild hinten: Kürbis-Lachs-Pfanne mit Senf *im Bild vorne:* Spaghettikürbis mit Kabeljau

Süßes mit Kürbis

Kürbis als Kuchen oder Dessert, als Konfitüre oder süßes Gratin – schmeckt denn das? Aber ja, und wie! Lassen Sie sich überzeugen von einer feinen Creme aus Kürbispüree, Limetten und Sahne, einer raffinierten Pie mit Kürbis und Datteln oder einem schokoladigen Dessert mit fruchtigen Kürbisstückchen. Alles schmeckt wunderbar aromatisch und leicht, ist saftig und ein echter Genuss

Blitzrezepte

Kürbiskonfitüre

FÜR 4 GLÄSER (À 400 ML INHALT)

➤ **1 kg Kürbis | 4 Zitronen | 1 Stück frischer Ingwer (1 cm) | 4 EL Calvados nach Belieben | 400 g Zucker 1 Päckchen Gelierpulver light**

1 | Den Kürbis putzen und in sehr kleine Stücke schneiden. 2 Zitronen schälen und fein würfeln, dabei Kerne und Häute entfernen. Restliche Zitronen auspressen. Den Ingwer schälen und durch die Knoblauchpresse drücken.

2 | Kürbis mit Zitronenwürfeln und -saft, Ingwer, Calvados, Zucker, 100 ml Wasser und Geliermittel bei mittlerer Hitze unter Rühren zum Kochen bringen, 3 Min. kochen lassen. Sofort in heiß ausgespülte Twist-off-Gläser füllen und verschließen.

Kürbis-Limetten-Creme

FÜR 4 PERSONEN

➤ **400 g Kürbis | 5 EL Zucker | 2 Limetten 1 Vanilleschote | 150 g saure Sahne 150 g Sahne**

1 | Den Kürbis putzen und in kleine Würfel schneiden. Mit 50 ml Wasser und dem Zucker zum Kochen bringen und zugedeckt bei schwacher Hitze in 10 Min. weich garen. Gut abtropfen lassen.

2 | Die Limetten heiß waschen und die Schale fein abreiben, 1 Limette auspressen. Die Vanilleschote der Länge nach aufschlitzen, Mark herauskratzen. Den Kürbis mit Limettensaft und saurer Sahne fein pürieren, Vanillemark und Limettenschale untermischen. Die Sahne steif schlagen und unterziehen.

gut vorzubereiten

Kürbis-Dattel-Pie

FÜR 1 TARTEFORM (30 CM Ø)

- **200 g Mehl**
- **1 EL Zucker**
- **125 g kalte Butter**
- **1 Prise Salz**
- **600 g Kürbis**
- **100 g fleischige Datteln**
- **4 Eier (Größe M)**
- **2 EL Crème fraîche**
- **5 EL Zuckerrübensirup**
- **1 TL abgeriebene unbehandelte Zitronenschale**
- **1 Prise Zimtpulver**

Zubereitung: 40 Min.
Kühlzeit: 1 Std.
Backzeit: 40 Min.
Bei 12 Stücken pro Stück ca.: 220 kcal

1 | Mehl mit Zucker, Butter, Salz und 1–2 EL eiskaltem Wasser zu einem glatten Teig verkneten. Zwischen Klarsichtfolie rund ausrollen und die Tarteform damit auslegen, Teig 1 Std. kühl stellen.

2 | Den Backofen auf 200° vorheizen. Den Kürbis entkernen und in der Schale im Ofen (Umluft 180°) 40 Min. backen. Kurz abkühlen lassen und das Fruchtfleisch aus der Schale lösen und pürieren.

3 | Datteln entsteinen und in Streifen schneiden. Eier mit Kürbispüree, Crème fraîche, Zuckerrübensirup, Zitronenschale und Zimt verquirlen.

4 | Den Backofen wieder auf 200° (Umluft 180°) schalten. Kürbismasse auf dem Teig verteilen, mit den Datteln belegen. Die Pie im Ofen (Mitte) 40 Min. backen.

preiswert | gelingt leicht

Kürbis-Nuss-Kuchen

FÜR 1 KASTENFORM (35 CM LÄNGE)

- **1 unbehandelte Orange**
- **400 g Kürbis**
- **150 g Haselnusskerne**
- **100 g Kürbiskerne**
- **6 Eier (Größe M)**
- **150 g brauner Zucker**
- **1/2 TL Zimtpulver**
- **1 EL Vin santo (ersatzweise Grappa) nach Belieben**
- **75 g Mehl**
- **1 TL Backpulver**
- **Butter und Semmelbrösel für die Form**

Zubereitung: 30 Min.
Backzeit: 1 Std.
Bei 15 Stücken pro Stück ca.: 200 kcal

1 | Die Orange heiß waschen, die Schale fein abreiben, Saft auspressen. Den Kürbis entkernen, schälen und fein raspeln. Die Haselnusskerne und die Kürbiskerne fein mahlen.

2 | Den Backofen auf 180° vorheizen. Kastenform fetten und mit Bröseln ausstreuen.

3 | Die Eier trennen. Eigelbe mit Zucker, Zimt, Vin santo und Orangensaft schaumig schlagen. Den Kürbis und die Orangenschale unterrühren. Ein Drittel der Nüsse untermengen. Die Eiweiße steif schlagen, mit dem Mehl, dem Backpulver und den übrigen Nüssen locker unterheben.

4 | Die Masse in die Form füllen und im Ofen (Mitte, Umluft 160°) 1 Std. backen.

im Bild hinten: **Kürbis-Dattel-Pie** *im Bild vorne:* **Kürbis-Nuss-Kuchen**

schnell | preiswert

Kürbis-Muffins

FÜR 12 STÜCK

- **200 g Kürbis**
- **1 unbehandelte Zitrone**
- **170 g Mehl**
- **2 gehäufte TL Backpulver**
- **70 g Zucker**
- **1 kräftige Prise Zimtpulver**
- **1 kräftige Prise Muskatnuss, frisch gerieben**
- **1 kräftige Prise Salz**
- **6 EL neutrales Öl**
- **2 Eier (Größe M)**
- **100 g Joghurt**
- **Fett für die Muffin-Form (ersatzweise 24 Papierbackförmchen)**

Zubereitung: 25 Min.
Backzeit: 20 Min.
Pro Stück ca.: 140 kcal

1 | Den Kürbis entkernen, schälen und fein raspeln. Die Zitrone heiß waschen, die Schale fein abreiben und mit den Kürbisraspeln mischen.

2 | Den Backofen auf 220° (Umluft 200°) vorheizen. Die Vertiefungen der Muffin-Form fetten. Oder jeweils 2 Papierbackförmchen ineinander setzen.

3 | Das Mehl mit Backpulver, Zucker, Zimt, Muskat und Salz mischen.

4 | Das Öl mit den Eiern und dem Joghurt verquirlen, dann gründlich mit der Mehlmischung vermengen. Die Kürbisraspel unterheben.

5 | Teig in die Vertiefungen der Muffin-Form füllen. Oder die Papierförmchen füllen und auf ein Backblech stellen. Im Ofen (Mitte) 20 Min. backen, bis sie aufgegangen und gebräunt sind. Abkühlen lassen und aus der Form oder den Papierförmchen lösen.

für Gäste | gelingt leicht

Kürbisgratin mit Amarettini

FÜR 4 PERSONEN

- **100 g Amarettini**
- **600 g Kürbis**
- **1 saftige Orange**
- **100 g Sahne**
- **2 EL Zitronensaft**
- **2 EL Amaretto nach Belieben**
- **2 EL Zucker**
- **1 Eigelb (Größe M)**
- **1 EL Pinienkerne**

Zubereitung: 20 Min.
Backzeit: 25 Min.
Pro Portion ca.: 280 kcal

1 | Die Amarettini in einen Gefrierbeutel geben und mit dem Nudelholz darüber rollen, bis feine Brösel entstanden sind.

2 | Den Kürbis entkernen, schälen und in kleine Würfel schneiden. Orange so schälen, dass auch die weiße Haut entfernt wird, dann filetieren.

3 | Den Backofen auf 220° (Umluft 200°) vorheizen. Kürbis mit den Amarettinibröseln in einer hitzebeständigen Form mischen, mit den Orangenfilets belegen.

4 | Die Sahne mit Zitronensaft, Amaretto, Zucker und dem Eigelb verrühren und darüber verteilen. Mit den Pinienkernen bestreuen, im Ofen (Mitte) 25 Min. backen.

➤ Dazu passt: Schokoladen- oder Zitroneneis

im Bild hinten: **Kürbisgratin mit Amarettini** *im Bild vorne:* **Kürbis-Muffins** ➤

für Gäste | preiswert

Kürbis-Zimt-Dessert

FÜR 4 PERSONEN

- 600 g Kürbis
- 100 ml trockener Weißwein (ersatzweise ungesüßter heller Fruchtsaft)
- 70 g Zucker
- 3 Blatt weiße Gelatine
- 2 EL Zitronensaft
- 1 TL gemahlene Vanille
- 1 TL Zimtpulver
- 150 g Sahne
- 1 Päckchen Vanillezucker

Zubereitung: 40 Min.
Kühlzeit: 2 Std.
Pro Portion ca.: 245 kcal

1 | Den Kürbis entkernen, schälen und klein würfeln. Mit Wein und Zucker zum Kochen bringen und zugedeckt bei mittlerer Hitze in 15–20 Min. weich garen.

2 | Die Gelatine 10 Min. in kaltem Wasser einweichen.

3 | Den Kürbis im Topf pürieren, Zitronensaft, Vanille und Zimt dazugeben. Gelatine ausdrücken und einzeln unter Rühren in der heißen Masse auflösen. Etwas abkühlen lassen und durchrühren. Die Creme in vier kalt ausgespülte Förmchen füllen und für mindestens 2 Std. in den Kühlschrank stellen.

4 | Sahne mit dem Vanillezucker halbsteif schlagen. Die Kürbiscreme mit einem Messer vom Rand der Förmchen lösen, auf Teller stürzen und mit der Sahne garnieren.

gut vorzubereiten

Schokosahne mit Kürbis

FÜR 4 PERSONEN

- 200 g Sahne
- 80 g Zartbitterschokolade
- 400 g Kürbis
- 50 ml roter Portwein (ersatzweise roter Fruchtsaft)
- 1 Stück in Sirup eingelegter Ingwer nach Belieben
- 1 unbehandelte Zitrone

Zubereitung: 35 Min.
Kühlzeit: 1 Std.
Pro Portion ca.: 295 kcal

1 | Die Sahne in einem Topf erwärmen. Die Schokolade in Stücke brechen und darin bei mittlerer Hitze unter Rühren schmelzen. Die Schokosahne in eine Schüssel füllen und ganz abkühlen lassen.

2 | Inzwischen den Kürbis entkernen, schälen und klein würfeln. Mit dem Portwein in einem Topf zugedeckt bei mittlerer Hitze in 10–15 Min. weich garen.

3 | Ingwer sehr fein hacken. Den Kürbis mit dem Sud nicht zu fein pürieren, den Ingwer untermischen.

4 | Die Schokosahne halbsteif schlagen. Das Kürbispüree unterheben, in Dessertschalen oder -gläser füllen und etwa 1 Std. kalt stellen.

5 | Zitrone heiß waschen, die Schale hauchdünn abschälen und in sehr feine Streifen schneiden (oder mit einem Zestenreißer fein ablösen). Das Dessert mit den Schalenstreifen garnieren.

im Bild hinten: **Schokosahne mit Kürbis** *im Bild vorne:* **Kürbis-Zimt-Dessert**

Zum Gebrauch
Damit Sie Rezepte mit bestimmten Zutaten noch schneller finden können, stehen in diesem Register zusätzlich auch beliebte Zutaten wie **Käse** oder **Tomaten** – ebenfalls alphabetisch geordnet und **halbfett** gedruckt – über den entsprechenden Rezepten.

A/B/C

D/E/F

G/H/I

K

Die Autorin

Cornelia Schinharl interessiert sich für alles, was mit Essen und Trinken zu tun hat. Seit über 15 Jahren bringt sie ihren Erfahrungsschatz als freie Food-Journalistin und Kochbuchautorin zu Papier. Ihr Ideenpotenzial scheint unerschöpflich, auch für diesen Ratgeber hat sie wieder eine Reihe von Kreationen entwickelt, die jeden Gaumen betören werden.

Der Fotograf

Jörn Rynio arbeitet als Fotograf in Hamburg. Zu seinen Auftraggebern gehören nationale und internationale Zeitschriften, Buchverlage und Werbeagenturen. Aus seinem Studio stammen alle Fotos in diesem Band. Tatkräftig unterstützt wurde er dabei von seiner Foodstylistin Petra Speckmann.

Bildnachweis

Teubner Foodfotografie:
S. 4; S. 6 li, 2.v.li, 2.v.re; S. 7 li, 2.v.li, 2.v.re; S.9
Stockfood: S. 6 re; S. 7 re
alle anderen: Jörn Rynio, Hamburg

Gedruckt auf Primasilk 130 g/qm holzfrei mattgestrichen Bilderdruck, made by StoraEnso, geliefert von der Papier Union.

Programmleitung:
Doris Birk
Leitende Redakteurin:
Birgit Rademacker
Redaktion:
Stefanie Poziombka
Lektorat, Satz/DTP:
Redaktionbüro
Christina Kempe, München
Layout, Typografie und Umschlaggestaltung:
Independent Medien Design, München
Herstellung: Martina Müller
Reproduktion:
Repro Ludwig, Zell am See
Druck: Appl, Wemding
Bindung: Sellier, Freising

ISBN 3-7742-6598-4

Auflage	5.	4.	3.	2.	
Jahr	2008	07	06	05	04

GRÄFE UND UNZER
Ein Unternehmen der
GANSKE VERLAGSGRUPPE

Das Original mit Garantie

Ihre Meinung ist uns wichtig. Deshalb möchten wir Ihre Kritik, gerne aber auch Ihr Lob erfahren. Um als führender Ratgeberverlag für Sie noch besser zu werden. Darum: Schreiben Sie uns! Wir freuen uns auf Ihre Post und wünschen Ihnen viel Spaß mit Ihrem GU-Ratgeber.

Unsere Garantie: Sollte ein GU-Ratgeber einmal einen Fehler enthalten, schicken Sie uns das Buch mit einem kleinen Hinweis und der Quittung innerhalb von sechs Monaten nach dem Kauf zurück. Wir tauschen Ihnen den GU-Ratgeber gegen einen anderen zum gleichen oder ähnlichen Thema um.

GRÄFE UND UNZER VERLAG
Redaktion
Kochen & Verwöhnen
Postfach 86 03 25
81630 München
Fax: 089/41981-113
e-mail: leserservice@graefe-und-unzer.de

GU KÜCHENRATGEBER

Neue Rezepte für den großen Kochspaß

ISBN 3-7742-6058-3

ISBN 3-7742-5451-6

ISBN 3-7742-4905-9

ISBN 3-7742-5462-1

ISBN 3-7742-5458-3

ISBN 3-7742-5726-4

64 Seiten, 7,50 € [D]

Das macht die GU Küchenratgeber zu etwas Besonderem:

- *Rezepte mit maximal 10 Hauptzutaten*
- *Blitzrezepte in jedem Kapitel*
- *alle Rezepte getestet*
- *Geling-Garantie durch die 10 GU-Erfolgstipps*

GU

Gutgemacht. Gutgelaunt.

KÜRBISMENGEN UND -SORTEN

- Die Menge, die in den Rezepten angegeben ist, bezieht sich auf den ungeputzten Kürbis, also das Stück, das Sie einkaufen müssen.
- Steht in der Zutatenliste einfach nur Kürbis, können Sie für dieses Rezept alle Sorten mit gelbem oder orangem Fleisch verwenden.
- Zum Rohessen am besten Muskat- oder Butternutkürbis nehmen.

Geling-Garantie für Kürbisrezepte

DAS KANN MAN VORBEREITEN

- Kürbis für Püree schon ein paar Stunden vorher backen oder kochen, vor dem Essen pürieren und fertig stellen.
- Kürbis für Gratins mit den anderen Zutaten einschichten und bis zum Garen kühl stellen.
- Kürbis für Suppe in Brühe garen, abkühlen lassen. Vor dem Servieren fertig stellen.

KRÄUTER VERWENDEN

- Unempfindliche, würzige Kräuter wie Rosmarin, Thymian oder Salbei entfalten ihr Aroma erst so richtig, wenn man sie zuerst in etwas Fett anröstet und dann lange mitgart.
- Zarte Kräuter wie Kerbel, Petersilie, Basilikum oder Dill besser nicht mitgaren, sondern erst zum Schluss untermischen.

DIPS AUS KÜRBISPÜREE

- Mit gehacktem Rucola, Paprikawürfeln und Olivenöl vermengen.
- Mit scharfem und süßem Senf sowie saurer Sahne mischen, Schnittlauchröllchen oder Frühlingszwiebelringe unterrühren.
- Schinken- und Tomatenwürfelchen, gehackte Zitronenschale und Petersilie untermischen.